¿Invertir en **CRIPTOMONEDAS?** **Finanzas, dinero electrónico y revolución**: compra Bitcoin (BTC), Binance (BNB), Cardano (ADA) y otras monedas digitales para conseguir ingresos pasivos

I0492288

Antonio Robinhood

GUÍA PRÁCTICA SOBRE CÓMO INVERTIR + CRIPTOLIBRETA

2ª EDICIÓN, REVISADA Y ACTUALIZADA 23/03/2021

Hemos hecho un grupo en Facebook para seguir compartiendo información, se llama Criptomonedas: Comprar Bitcoin, Binance, Cardano... ¡Únete!

www.facebook.com/groups/criptos/

GRACIAS POR ELEGIR ANTONIO ROBINHOOD

Te queremos recompensar tu compra dándote más de lo que esperabas: otro libro del mismo autor totalmente gratis. Lo puedes descargar siguiendo el enlace: https://www.subscribepage.com/librosdefinanzas.

También puedes hacerlo con el código QR:

La inversión en criptomonedas está siendo la más rentable de la historia. Los hechos hablan por sí solos, puedes tener cualquier opinión, pero la tendencia es innegable. Con las cifras astronómicas está llegando la atención del gran público.

Cada vez son más los que se preguntan cómo pueden hacer, si es que es posible, sacar beneficio del dinero digital. El problema es que, cuando te quieres informar sobre un tema financiero, los expertos suelen tener unos intereses que no son los tuyos, como inversor particular, y que, casi siempre, son realmente opuestos.

La banca privada sobrevive por la desinformación. Sus productos financieros son pésimos, casi no te ofrecen rendimientos y te cobran comisiones leoninas. Viven de crear dinero de la nada y prestarlo cobrando intereses exagerados, de que los bancos centrales les den el dinero a un interés del 1 % y lo presten a los gobiernos a un 6 %.

El objetivo de este libro es evitarte que sufras las penurias del sistema financiero actual, y, al contrario, puedas beneficiarte del mercado, formando parte del nuevo sistema financiero, descentralizado y encriptado.

Esta lectura te enseñará algunas cuestiones acerca de las finanzas y de cómo cuidar tu cartera. Cuando hablamos de inversiones, especialmente en redes sociales y por parte de la población más joven, vienen a colación los *traders*: surfistas, motoristas y demás vividores que se dedican a comprar y vender sin aparente esfuerzo.

¿Vivir del *trading*? Eso es como dedicarse al póquer, es posible, si sabes seguir muy bien las estadísticas, pero con las criptomonedas la partida siempre es *online*. Nunca puedes verle la cara al resto de participantes. Y, en vez de unos pocos alrededor de una mesa y empezar con un reparto igual de las cartas, se trata de millones de cuentas anónimas, algunas potentes, otras casi insignificantes.

Para vivir tranquilo tengo un método de inversión con el que puedo aprovechar las ventajas de bitcoin, de otras criptomonedas y, en general, de la tecnología *blockchain* y de los mercados, sin temer que mi dinero pueda desaparecer en cualquier momento.Me identifico con el *value investing* o la inversión en valor (la misma corriente que W. Buffet). No soy un *trader* porque los datos dicen que lo más probable es perder dinero operando en el corto plazo; y porque una estrategia que proporciona liquidez y la quita sin tener en cuenta el desempeño de la compañía no es ético.

Es cierto que los especuladores sirven para generar oportunidades con la volatilidad. Pero a mí lo que me gusta es poner mi energía en aquellas compañías con futuro, futuro para ellas y para el mundo, claro. Me gusta ayudar a hacer de este un planeta mejor. Y los proyectos vinculados a algunas criptomonedas están justamente en ese camino.

Invertir en criptos se parece mucho a invertir en bolsa. Pero sin las barreras de entradas del viejo sistema, con operatividad en cualquier momento y sin necesidad de intermediarios (*brókers*), y al margen del poder de los Estados.

En ambos casos apuestas por el crecimiento de una empresa, y con algunas puedes conseguir una especie de dividendos o intereses: ingresos pasivos por mantener tus monedas digitales en el sistema.

Hace tiempo que conozco las monedas digitales, aunque la información de Bitcoin en español todavía es escasa. Ahora es fácil encontrar textos que explican el bitcoin para novatos y, en general, criptomonedas para *dummies*. El problema es que son libros sesgados, que la mayoría de las veces solo tratan de meterte en algún esquema piramidal (léase estafa, lo explicaremos mejor más adelante).

Por cierto, por si no lo sabías, cuando escribimos con mayúscula: Bitcoin, hacemos alusión a la red de intercambio. Cuando empezamos con minúscula, bitcoin, es la criptomoneda.

Esta obra no pretende replicar contenido que puedes encontrar gratis en Internet (te diré dónde), tampoco es otra "guía criptomonedas 2021", pues ya estamos en casi en abril, y aspira a ser un *longseller*, más que un *bestseller*. Este texto no se va a quedar obsoleto con el tiempo porque, aunque habrá nueva información, aquí encuentras unos preceptos generales que te sirven para tener éxito en tu aventura con esta nueva forma de relacionarnos. Además, lo revisamos constantemente. Si encuentras errores, agradezco contactes con mi editorial: contacto@crearycorregir.com. O lo publiques en el grupo de Facebook: Criptomonedas: Comprar Bitcoin, Binance, Cardano...

El objetivo de este libro es doble, por un lado, introducir a neófitos en el apasionante mundo del dinero digital y darles una estrategia segura para poner a trabajar sus ahorros. Por otro, transmitir un relato ágil y auténtico, te narro mi propia experiencia. Prometo que este no es aburrido manual repleto de voz pasiva.

Si quieres comprar criptomonedas, te explicaré exactamente cómo hacerlo. Yo lo hago. Aquí no intentaré venderte nada, ni cursos ni "señales" (avisos de cuando abrir y cerrar operaciones, comprar y vender criptos) ni robots ni ninguna otra *scam*, como llaman en la jerga a los fraudes. Pero sí que podrás beneficiarte de los enlaces de afiliado a las plataformas que utilizo, obtener descuentos y regalos.

Existen algunos mitos que vale la pena esclarecer, para eso estamos aquí, te animo a compartir este libro con quien le pueda hacer falta abrir los ojos.

La historia del dinero digital es apasionante y todavía está muy viva, la estamos escribiendo. Aquí encontrarás una visión crítica y estrictamente científica (es decir, basada en la evidencia) de las Finanzas: la rama de la Economía que se encarga del estudio del valor del dinero en el tiempo.

En este asunto se ve claramente la cuestión generacional, los más mayores son reacios a usar el dinero electrónico. Los nativos digitales (las generaciones más jóvenes, la Z y en menor medida los *milenials*), en cambio, compran criptomonedas y ganan dinero con ello en cuanto pueden.

Al fin, el crecimiento en el que están metidas es una fiesta: ¡Tesla ha ganado más dinero en doce días con su inversión en Bitcoin que en doce años produciendo y vendiendo coches!

La revolución es evidente. Muchas compañías ya han anunciado su plan de operar con criptomonedas. Desde el banco más antiguo de los Estados Unidos (el New York Mellon), hasta la filial suiza de BBVA; pasando por Morgan Stanley, MasterCard, Uber y muchas otras compañías. A día hoy ya es posible comprar un coche electrónico de la empresa de Elon Musk y pagarlo con bitcoin.

Capítulo 1: ¿Qué es el dinero?

Deuda, inflación, crecimiento y destrucción ambiental

El dinero es un invento, una construcción social, como dirían Berger y Luckman. Su valor es simbólico. Es sabido que, en un momento de la historia, el dinero era sal, de ello viene la palabra salario. Algo que ahora es despreciado por muchos, acusado de causar enfermedades como la hipertensión, antaño era valiosísimo porque era prácticamente la única opción para conservar los alimentos.

Resumiendo al máximo la historia, la primera forma de dinero fueron los metales preciosos, siendo el rey el oro. Los banqueros los guardaban y daban papeles para que pudiesen realizarse transacciones sin tener que mover los minerales. Así nace el dinero en papel, ligado a una reserva física de un mineral con valor intrínseco.

Desde el final de la eurocéntricamente mal llamada segunda guerra mundial (léase a Enrique Dussel para más información), hasta la década de los setenta del mismo siglo pasado, el dinero más aceptado en el mundo era el dólar, y estaba respaldado en el oro. Es decir, cierta cantidad de billetes correspondía a un peso del preciado mineral.

¿Cuál fue el problema? En 1945, cuando supuestamente acabó esa guerra que llamaron segunda y mundial, comenzó otro enfrentamiento. La, también mal llamada guerra fría, que en Vietnam tuvo uno de sus escenarios más cálidos. Las muertes estadounidenses eran constantes y no parecía haber posibilidad de ganar. No era posible para los EE. UU. seguir financiando esa ruina, querían imprimir más dinero, pero no tenían más oro.

¿Qué hicieron? Acabar con el cambio garantizado con el oro. El dólar, y con él todas las demás divisas que la tenían como referencia, pasaron a convertirse en lo que hoy conocemos como dinero *fiat*, esta palabra, que en este caso no tiene nada que ver con la marca automotriz, viene del latín y se podría traducir por algo como "amén", "que así sea" o "hágase". Lo cual indica que su valor proviene, no de alguna cualidad propia, si no de un decreto de alguna institución que sirve como autoridad.

Desde entonces, el dinero no ha dejado de imprimirse, sin importar las consecuencias, lo primordial ha sido que el *show* no se detenga.

El dinero *fiat* es creado mediante deuda. Gracias a la llamada "reserva fraccionaria" los bancos tienen el privilegio de prestar dinero que ni siquiera tienen. Solo ponen números en una cuenta.

El dinero *fiat* es deuda.

Que no deje de aumentar la masa monetaria (la cantidad de dinero disponible) provoca inflación: vale cada vez menos.

Y, lo que es peor, el crecimiento constante y exigido por el pago con intereses de la deuda obliga a la economía a tener que, también, ser mayor cada año, con la destrucción ambiental que ello puede suponer.

La masa crítica es un concepto sociológico que se usa para explicar el cambio social. Para que un fenómeno suceda tiene que haber un número mínimo de personas que lo hagan realidad, así es siempre. Para que haya una revolución, es imprescindible contar con una cierta cantidad de población dispuesta a arriesgarse (física o financieramente) para obtener un cambio revolucionario.

Antes se salía a matar. Ahora se cambia el dinero manchado de sangre y cocaína por dinero digital. Creo que con esto podemos coincidir en que, como especie, hemos mejorado.

La masa crítica para hacer posibles las criptomonedas como medio de pago hegemónico se alcanzó en 2020. Antes ya existían sus partidarios, pero no contaban con la suficiente aceptación. Siempre aparecen nuevas monedas electrónicas, regulaciones y demás incertidumbres que paralizan a parte de la población.

Sin embargo, desde el año pasado habiendo un efecto bola de nieve que puede hacer desaparecer el dinero analógico (papeles y monedas) en muy poco tiempo. Al menos de gran parte del planeta. Ahora nos llama la atención que empiecen a aceptar criptomonedas, pero ¿qué pasará cuando lo que no acepten las compañías sea el dólar y el euro? Pues que estarán muertas.

Es posible que la población con más edad intente seguir usando el dinero "de toda la vida", pero quizás sean los gobierno quienes no se lo permitan. El gobierno de Pedro Sánchez ya intentó prohibir el dinero físico pero la Unión Europea rechazó la propuesta, entre otras cosas, porque supondría la exclusión financiera de parte de la población. Además, la moneda perdería su ventaja competitiva respecto a las criptomonedas. Si el euro también es digital, y planean que así sea, ya sabemos que su valor se deprecia porque pueden crearlo infinitamente, nadie lo usará pudiendo optar por monedas descentralizadas y/o con fuentes de valor más sólidas que una banda de políticos y banqueros (los europeos) con muy mala reputación.

Por eso los gobiernos tienen pánico, porque pueden perder poder y no saben cómo evitarlo. La vanguardia de la banca privada ha sido más rápida y ha invertido en plataformas de intercambio (como BBVA que invirtió en Coinbase cuando era una *startup*) y en la tecnología *blockchain* (como el Banco Santander).

Quienes movemos capitales con inteligencia financiera ya hemos sabido sacar tajada del fin del monopolio en la creación del dinero y de los nuevos *softwares* con los que hacer negocios internacionales. Los Estados, lamentablemente, carecen de la cualidad necesaria para promover situaciones de ganar-ganar. Por el contrario, se dedica a prohibir y sembrar miedos infundados.

Las cadenas de bloques, el cifrado, la minería, el *staking*, el *farming*, etc. no son fáciles de entender. Un libro no es suficiente para descubrir todo este universo, hace falta mucha investigación: hay un aprendizaje importante que realizar. Lo interesante es que, conforme vas entendiendo, se multiplica la atracción que genera esta red descentralizada de dinero que no depende de ninguna autoridad central.

Es la utopía libertaria puesta en práctica por *hackers* anónimos, imposible de ser detenida.

Está obligando a todos los actores a posicionarse.

¿Por qué? Es simple, bitcoin ofrece más rentabilidad que ningún otro activo. Y los productos financieros que brindan las nuevas plataformas que usas criptomonedas, como Binance, son mejores que los planes de pensiones, fondos de inversión y créditos que te ofrece tu banco. Por eso cada vez más departamentos de finanzas ponen parte de sus activos a generar rentabilidad en criptomonedas aportadas a la red en *staking* o *pool*, y lo esperable es un efecto dominó.

Existe muchísimos ahorros que muy pronto empezarán a formar parte de la cadena de bloques, también conocida Finanzas descentralizadas De-Fi por su nombre en inglés: Decentralized Finance. Aquellos que antes tomen posiciones, mayores beneficios obtendrán.

Aquí, por suerte, tenemos experiencias suficientes para aburrir. La resistencia y las alternativas a la hegemonía son una constante en cualquier sociedad.

Mucha gente se ha dado cuenta de que el dinero en papel, como el que solo está escrito en tu cuenta, no tiene realmente valor por sí mismo. Solo se mantiene porque lo aceptamos. Por tradición. Porque es sencillo. Pero la juventud ya no tenemos miedo a realizar transacciones en Internet, y esto cambia totalmente las reglas.

Ya en 2009 Hugo Chávez, tratando de generar alternativas a la hegemonía del dólar en el comercio de petróleo, durante una gira en la que también buscó acuerdos para subir los precios, planteó en público el Petro.

En sus palabras: "el mundo es víctima del dólar".

Lo puedes ver, si no desaparece, en YouTube. Señala el "descalabro" de acabar con el patrón oro: "compraron todo con papel que no vale nada".

El título es <u>Propuesta para BCV El Petro</u>: https://www.youtube.com/watch?v=XY74HWwz2j8

Otro ejemplo de resistencia es la historia del navarro Lucio Uturbia. Convencido de que podrían debilitar al imperio estadounidense imprimiendo dólares falsos sin parar, le propuso al Che Guevara, en aquel momento ministro cubano de Economía, que la isla, aliada de la enorme Unión Soviética, pusiese sus recursos para poder crear enormes cantidades de dólares fraudulentos. Lucio pondría las planchas con las que falsificar los famosos billetes verdes.

Lamentablemente, Cuba no apoyó la propuesta de Lucio, al Che lo mataron con 33 años y la Guerra Fría la ganó Estados Unidos. El dólar lo seguimos padeciendo, y no tanto en Europa, como en Arabia Saudí, Ecuador, Panamá, México, Argentina o Venezuela.

La propuesta de Lucio fue más destructiva que alternativa, aunque obviamente con todo ese dinero falso se podrían haber hecho grandes cosas. ¿Por qué no aceptaron los comunistas? Según dijo el Che, eso no le haría daño al imperio yanqui. Menos le hace la inoperancia total. O salir a pegar tiros por Bolivia. Pero no nos desviemos tanto…

La historia de los movimientos de resistencia y las alternativas financieras es muy abundante, y en diversas geografías han proliferado monedas locales y sociales, cada vez más basadas en la tecnología y menos físicas. Puedes leer más sobre esto en el capítulo tres de: *Decrecimiento como solución ante el colapso : Análisis del desarrollo, los acuerdos internacionales, el Periodo Especial cubano y los Movimientos de Transición*.

Hoy existen miles de monedas digitales diferentes y están creando nuevas sin parar. Por supuesto, no todas tienen el mismo valor. ¿El Petro? Hoy vale lo que un barril de petróleo, unos 60 dólares. El problema es que apesta. No queremos más combustibles fósiles. Mejor dejarlos debajo de la tierra. Por el bien común.

Los jóvenes preferimos las energías renovables. Por eso el Petro no seduce. Pero, qué pasa con Bitcoin y con Dogecoin. Pues que Elon Musk, Snoop Dog y otras personas mucho más sexys, y, sobre todo, jóvenes, que Nicolás Maduro, lo han apoyado. Coches eléctricos, energía solar y música, eso sí que motiva a meter el dinero.

Es cierto, escribo para los jóvenes (de mente), para los revolucionarios que no quieren seguir siendo cómplices de una banca privada que ha subvencionado guerras, apoyado a empresas que han contaminado el mundo y desahuciado a personas que no tenían a donde ir para después especular con el precio de la vivienda manteniéndola en *stock*. Se han aprovechado de que no tenías otra opción y te han cobrado comisiones abusivas por servicios básicos, como retirar tu dinero.

La lista de abusos es interminable. Si has estado esperando en las sucursales de estas empresas alguna vez para algún trámite, sabes a qué me refiero. La solución para que no te vuelva a suceder: dinero digital.

¿Quiénes han permitido, en algunos casos dirigido, la barbarie? Los políticos.

Las restricciones impuestas por muchos gobiernos para controlar la pandemia de coronavirus han matado al *retail* tradicional y dado mercados casi enteros a la compra en línea. Es el escenario perfecto para el dinero electrónico. La digitalización de la economía aceleró como nunca.

Una revolución implica un cambio significativo en las estructuras sociales, políticas y/o económicas. El cambio en la forma de relacionarnos que implica el uso de criptomonedas, que podemos intercambiar entre pares, en igualdad de condiciones, sin intermediarios del sector bancario ni de ningún otro tipo, abre un nuevo mundo. Es revolucionario.

Aporta valor, porque nos da la libertad de gestionar la economía sin obedecer a nadie. La cadena de bloques se basa en el sistema de consensos entre los mineros. Es como una asamblea gigante que funciona a la perfección.

Aunque hay desigualdades según los recursos de cada participante, no se puede negar que la estructura del Bitcoin es revolucionariamente horizontal.

Podemos hacer transacciones más rápido y con menos comisiones que lo que nos venían ofreciendo las monedas que usábamos, las *fiat*. Y, además, obtenemos rendimiento por la revalorización y en forma de ingresos pasivos gracias a productos financieros como los ahorros flexibles o bloqueados, el *staking* y las *pools*.

Tanto personas como empresas nos beneficiamos enormemente de la reducción de intermediarios. A nadie le gusta pagar. Para movimentos nacionales no hay tantas comisiones como en transacciones internacionales. Si quieres comprar o vender productos o servicios al mundo entero, te interesa tener una billetera electrónica más que cualquier cuenta bancaria del pasado.

Al estar limitado el número máximo de bitcoins, si la demanda no deja de crecer, los precios serán cada vez más altos, dándole más poder a aquellos que antes entren en la inversión. Esto significa una revolución económica porque se están moviendo fortunas de unas manos a otras.

La cantidad de millones en dinero fiduciario (*fiat*) es exagerada, son siglos de producción y creación. De hecho, el dinero físico hace años que ya no es el mayoritario. El dinero digital ya es una realidad, aunque todavía esté ligado a papeles y "chapas con la cara de un rey". Si todos los millonarios en dólares o euros quisiesen comprar un bitcoin, sencillamente no podrían, no habría para todos.

El oro antes era casi la única opción para conservar valor. ¿Tenías mucho dinero y no querías que te lo comiese la inflación? Un asesor financiero podría decirte que invirtieses en oro. Hoy, vale más el bitcoin que la onza del mineral extraído con tanto sudor, y ya es considerado técnicamente superior.

Conforme más personas e instituciones descubren el mundo de las criptomonedas, mayor es la capitalización del mercado: más dinero entra al sistema. Por eso suben los precios de las criptos. Y baja el del oro.

Nos hemos dado cuenta de que, con la crisis de 2007, los banqueros siguieron viviendo, pues, valga la redundancia, como banqueros. Mientras que la exclusión social crecía como nunca y los movimientos migratorios, en busca de supervivencia, partieron vidas y familias por todo el mundo.

Igual los políticos, que encarcelan, o asesinan, a cualquier oposición. ¿Y tenemos que usar el dinero que ellos controlan? ¿Y dejar que valga lo que ellos quieren? Si imprimen más vale menos, así de simple, y siempre imprimen más, y nunca van a dejar de hacerlo.

No todas las criptomonedas están limitadas. Ethereum, Monero y Dogecoin no lo están. Bitcoin, Cardano y Binance Coin, sí. Que no lo estén no significa que su precio vaya a caer. Algunas están ligadas a monedas *fiat*: las criptomonedas estables o *stablecoins*, y su finalidad principal es reducir costes por hacer transiciones.

Te aconsejo familiarizarte con la lista de seguimiento de https://coinmarketcap.com/es/, en la derecha hay una columna titulada Acciones en circulación, en ella puedes ver si bajo el número aparece una barra que indica el porcentaje en circulación del total de la oferta monetaria. Si no aparece nada, es que pueden crear infinitas monedas.

En esa misma página web, donde dice *earn*, puedes conseguir criptomonedas gratis solo por ver vídeos y responder preguntas.

¿Me sigues hasta aquí? Vamos a seguir profundizando en el tema.

Análisis del valor intrínseco: son un medio de transacción alternativo, descentralizado e independiente de gobiernos y banqueros. Cuanto mayor liquidez exista (mayor aceptación del mercado), es decir, cuanto más fácil sea comprarlas y venderlas, más valor tendrán. Por eso la entrada de jugadores institucionales, como PayPal, Deutsche Bank o Tesla, es tan importante: porque garantizan esa liquidez, no te quedarás con un dinero que nadie quiera. En el año 2020 se hizo historia porque las criptomonedas dejaron de ser algo marginal para empezar a ser hegemónicas. El bitcoin ya es el activo que mayor revalorización ha tenido en toda la historia.

Esa liquidez está cuantificada y cualquiera puede verla en https://coinmarketcap.com/es/, es el volumen. En esta web las criptos están ordenadas de mayor a menor según su capitalización de mercado, *market cap* en inglés, que es el dinero total invertido en el activo. El precio está determinado por la capitalización dividida por el número de monedas.

Si te gusta la seguridad, preferirás escoger las monedas más grandes. Pero si quieres la máxima rentabilidad, puedes arriesgarte a comprar monedas poco capitalizadas todavía, debes fijarte en el número de tokens y en si existe alguna relación con alguna moneda *fiat* o si está limitada la creación (para bitcoin el límite está en 21 millones).

Ten en cuenta que uno de los principales usos del dinero electrónico es para las transacciones internacionales llamadas remesas, estas tienen altos costes bancarios, en cambio, con las criptos se reducen drásticamente los intermediarios y el precio de la transacción. De aquí parte de la ventaja comparativa: son técnicamente superiores como pago electrónico. Ese es su entorno, ahí son más fuertes que ninguna otra forma de dinero. No solo son transacciones más anónimas y fiables, también más seguras.

Otro tema es cómo puede afectarle al dinero electrónico la brecha digital. Todavía gran parte del mundo carece de conexión a Internet, aunque lo cierto es que los teléfonos inteligentes proliferan hasta en rincones recónditos y Bitcoin está hecho para ser usado desde donde sea, por cualquiera y de forma anónima.

Solo tienes que entrar en bitcoin.com o directamente descargar la aplicación, no es necesario ningún registro. La *app* funciona como billetera, por lo que si escoges comprar de este modo deberías enviar el dinero digital a otra billetera más segura, como una fría u *off-line* (un *hardware* donde estará desconectado y, por tanto, alejado de ladrones). En caso contrario, si tu teléfono queda inoperativo, lo pierdes o te lo roban, perderás el dinero.

Create an account to start your Bitcoin journey.

G Sign in with Google

Continue anonymously

 **Bitcoin.com** 🔔

0,00 $

↗ 0,00% (0,00 $) last 24 hours

◁ **SEND**   ⬇ **RECEIVE**

WALLETS   + **Add**

 My BCH wallet
0 BCH   0,00 $

1 BCH = 619,87 $
↘ **-11,03%** Show more   [BUY]

 My BTC wallet
0 BTC   0,00 $

1 BTC = 53.666,76 $
↘ **-5,68%** Show more   [BUY]

PORTFOLIO

Lo puedes hacer en menos de cinco minutos. No es la única opción, como veremos extensamente en este libro, hay plataformas en línea (billeteras web) que te ofrecen algunas facilidades y la jurisprudencia dice que en caso de que les robasen el dinero deberían reponerlo.

Todo depende de cuánto tengas. Si es muchísimo, extrema la seguridad. Si es poco, puedes empezar con cualquier aplicación/billetera: las de las propias criptomonedas y/o alguna de las que menciono aquí: Bit2me, CoinBase y Binance.

¿Cuáles son los argumentos de los detractores de las monedas virtuales?

El argumento más recurrente es que no tienen valor. Que son, por tanto, una estafa piramidal o esquema Ponzi, también conocido como flores de la abundancia, son redes en las que, para entrar, tienes que pagar. Los nuevos meten el dinero y los que ya llevan tiempo lo retiran, exactamente como sucede en el sistema de pensiones públicas en el Estado español).

Esta afirmación es resultado de la falta de información existente sobre la tecnología de cadena de bloques (*blockchain*), la minería, la criptografía y el valor del dinero fiduciario (creado como deuda).

Al igual que el sistema de pensiones, el llamado *marketing* multinivel, propio de empresas como Herbalife y apoyado por hombres de negocios como Robert Kiyosaki y Donald Trump, es, realmente, una estafa piramidal. ¿Por qué? Pues porque, aunque haya productos para evitar la ilegalidad, el dinero en realidad se hace con los nuevos usuarios, y es insostenible de forma infinita. En cuanto deja de entrar la suficiente cantidad de gente, todo se cae.

¿Son lo mismo las criptomonedas? Definitivamente, no. El esquema Ponzi es una estafa porque no hay valor, lo que se hace es simplemente darle el dinero a quien está arriba y tratar de meter a más gente para que siga habiendo flujo de efectivo. El problema es cuando alguien paga y no consigue meter a nadie más. Esa persona pierde su capital.

Si alguien te ofrece un negocio en el que te solicita que traigas a nuevos miembros, huye, ahí sí que estás con una estafa.

También te están engañando cuando te aseguran rendimientos. Si te dicen que vas a ganar, con total garantía, cierta cantidad, escapa. Nadie puede asegurar un rendimiento futuro, hacerlo es estafar, y según dónde se encuentre el defraudador, quizás hasta puedas denunciarlo para que no siga aprovechándose de inocentes. Lo único que pueden decirte es cuáles han sido las rentabilidades históricas, pero nada asegura que vayan a repetirse.

¿Y cuál es el valor de las monedas digitales? Ya lo hemos mencionado: que son técnicamente más eficientes para hacer transacciones económicas. Exactamente la finalidad para la que existe el dinero. Además, algunas de ellas (como bitcoin) ofrecen anonimato y descentralización, algo muy valioso para quienes amamos a la libertad y desconfiamos de políticos y banqueros.

Ese valor está respaldado por toda la comunidad que lo acepta y es parte activa. ¡Oferta y demanda!

En un esquema Ponzi el dinero de los nuevos inversores es el que da rendimientos a los veteranos, es un juego de suma cero, hay una cierta cantidad de dinero según el número de personas, este dinero va subiendo en la pirámide (o esquema) y mientras crezca todo va bien.

Nada que ver con la extracción de criptodivisas. El mundo del dinero digital implica que los banqueros se han multiplicado. Ahora hay muchas monedas y cada creador necesita ofrecer productos de gran calidad para que resulten elegidos. No se trata de solo de mover la riqueza existente, también es una cuestión de creación de nuevas masas monetarias.

Hay un hecho que indiscutiblemente evidencia el valor intrínseco de las criptomonedas: la capacidad de obtener rendimientos con ellas solo por tener bloqueadas. Literalmente te pagan si tienes bloqueados tus ahorros para que den rendimientos. Si no valiesen nada, ¿por qué te iban a dar recompensas por ellos?

Aunque el valor no sea el problema de las criptos. Sí que su formato tiene algunos inconvenientes, al igual que los tiene cualquier otro formato.

En Europa la bancarización de la población (el número de personas con cuenta en un banco) es de más del 70 %; en cambio, en América latina no llega al 30 %. Hay varias razones que explican esta diferencia, como la economía sumergida y el desigual acceso a Internet. En definitiva, refleja que los pagos electrónicos no son igual de populares en todo el mundo.

Los requerimientos formales para tener una cuenta bancaria dejan fuera a parte de la población, que, en cambio, puede usar criptomonedas.

Los anglosajones y los alemanes lideran las estadísticas con unas cuotas de mercado cada vez más grandes para el comercio electrónico (*e-commerce*). Japón y España tampoco se quedan muy atrás. Pero, por ejemplo, en África central apenas encontramos actividad de este tipo.

Evidentemente, en zonas en las que todavía no hay Internet, no podrán usar las cadenas de bloques ni realizar pagos electrónicos.

Y en aquellos sitios que ahora están conectados a la red de redes, tampoco pueden estar seguros de que siempre lo estarán. En 2020 la tragedia fue una pandemia. Pero también podría haber sido el desabasto energético por tormentas u otras inclemencias climáticas capaces de destruir la infraestructura.

Las criptomonedas no son perfectas. En un universo ideal no habría dinero. Es así de simple. Pero como no vivimos en ese sitio (al menos no por ahora) pues tenemos que elegir cómo vamos a realizar intercambios con aquellas personas que no están cerca de nuestros círculos y que no aceptarían la reciprocidad (tú me regalas ahora, yo luego). Necesitamos dinero.

Un aporte de esta obra es que contempla (y en algunos casos refuta) todas las críticas válidas que las criptomonedas reciben. Esto es raro porque quienes desprecian las criptomonedas, como algunos conocidos banqueros o el mismísimo Warren Buffet (solo la rechaza porque ya no es joven, si tuviese cincuenta años menos sería el principal defensor), uno de los más célebres detractores del dinero electrónico (que, según él, no aporta valor), no se molestan en escribir un libro sobre ellas. Y quienes son sus fanáticos, carecen de la templanza para ser objetivos en sus alegatos, y sus libros son apologías que a veces incluso caen en la demagogia.

Las montañas de información flotando por Internet resultan peligrosas, todo el mundo quiere quitarte el dinero y es preciso prestar toda la atención para no caer en estafas. ¿Son las criptomonedas una estafa? No necesariamente, pero sí que lo son algunos "negocios" que están usándolas y te prometen rendimientos garantizados, usando robots para el arbitraje o *trading*.

Hay muchas opciones, y depende de tus circunstancias personales cuál es la mejor. ¿Para qué las quieres? ¿Cuál es la fiscalidad que te atañe?

La mayoría de mis lectores en Amazon son de España, México o Estados Unidos. En principio creo que todas las plataformas a las que voy a hacer mención están accesibles desde cualquiera de estos tres países, pero debes tener en cuenta algunas cuestiones:

Si estás en Estados Unidos y eliges invertir con Binance, tienes que hacerlo en https://www.binance.us/en/home, en cambio desde España y desde México (y desde el resto del mundo), la página es https://www.binance.com/es/. Para registrarte en ella (si no resides en EE. UU.), copias esta ID de referencia: 80771403, haces clic aquí y la pegas, tendrás un 10 % de descuento en todas las comisiones. Si tienes algún problema con el enlace o estás leyendo la edición en papel, la URL es https://www.binance.com/es/register?ref=QR0YPYFC.

En EE. UU. ya es posible comprar criptomonedas en PayPal; en México y en España todavía no.

Esto cambia rápidamente, y cada vez serán más las opciones, pero vale la pena que ya conozcas las más importantes.

Aquí te compartiré mi experiencia con, además de Binance, Bit2me y Coinbase. Si quieres saber más sobre otras opciones te recomiendo visitar:

https://www.criptonoticias.com/finanzas/opciones-intercambiar-comprar-bitcoins-paypal/

https://localbitcoins.com/

Mención especial merece, para mi público mexicano, Bitso, ya que es muy utilizado en el país azteca para comprar criptos con *fiat*, después lo habitual es enviarlas a Binance y operar ahí. Recuerda que puedes cambiar de moneda y usar la que te sea más rentable transferir.

También es posible comprar las criptos directamente en sus billeteras o en otras plataformas que no he mencionado. Por ejemplo, ADA, de Cardano, puede ser comprada y *stakeada* (mantenida en la *wallet* para obtener rendimientos) en su propia billetera: Yoroi, o en otra como Deadalus.

La seguridad es todo un tema, quizás ya hayas leído sobre lo importante de no perder las claves, y los casos de miles de bitcoins que han quedado inaccesibles para siempre. Lo más sencillo es que uses una billetera (*wallet*) web con claves de seguridad, es decir, que puedas entrar en línea, pero solo después de haber puesto tu contraseña y haber recibido un código temporal en el correo electrónico o teléfono. Hay cerrojos de seguridad que exigen reconocimiento fácil o dactilar para acceder al dinero.

También existen las billeteras frías, es decir, la posibilidad de tener tu dinero digital *off line*. A salvo de cualquier posible hackeo. Puedes encontrar modelos fácilmente en Google o Amazon.

Esta es una de las pocas opciones con ubicación en la Península Ibérica. Tiene un buen servicio de atención telefónica y las comisiones son competitivas. Son una opción genial para empezar, ya que te proporcionan mucha información en su academia en línea, accesible tanto desde la web como desde la aplicación.

Es una plataforma diseñada para invertir, no para especular.

Como contra, no acepta métodos de pagos como PayPal, y no tiene muchas opciones. Por ejemplo, no te permite dejar puestas órdenes para que se ejecuten automáticamente cuando el precio llegue a lo que elegiste, ni siquiera alarmas de precios (esto lo puedes tener gratis con CoinMarketCap).

Solo te avisa cuando quiere, de que toca máximo histórico, o de que hay rebajas. Lo cual, la verdad, está bien. No llega a ser invasivo. Al menos, para mí, que me gusta saber sin tener que estar entrando en la aplicación constantemente.

Te puedes hacer una cuenta rápidamente, aunque tendrás que verificar tu identidad, para ello te piden una fotografía donde se te vea la cara junto a tu Documento Nacional de Identidad. Al menos así funciona para residentes en el Estado español. Para extranjeros supongo que tampoco debe ser difícil.

Recomiendo esta plataforma especialmente si no eres experto y quieres aprender. Puedes tener una parte de tu capital aquí, pero para algunas cuestiones de funcionará mejor otras plataformas que veremos a continuación:

Respecto a las comisiones, puedes ver en su página:

https://support.bit2me.com/es/support/solutions/articles/35000170034--c%C3%B3mo-funcionan-las-comisiones-de-bit2me-

Citando su propio resumen: Cada recarga de saldo no tiene comisión, sin embargo, cada swap tiene una comisión de 2.5% e igualmente cuando se quiera transferir a otra *wallet* (externa a Bit2Me) tiene una comisión de mineros.

Hay que añadirle que cobran un 0,5 % por retirar el dinero a tu cuenta bancaria.

Un ejemplo de transacción:

← **Detalles de la transacción**

 Compra   ✓

04 xan. 2021 12:36:22

Desde **Tarjeta**

Debitado	- 20 EUR
Comisión por Swap ↰↳ (2,5 %)	**0,50 EUR**
Tasas (0,0 %)	**0 EUR**
Enviado	**19,50 EUR**

A **Bitcoin**

Recibido	+ 0,000769 BTC
Cotización (1,00 BTC = 25359,40 EUR)	

◁   ○   □

Dentro de las virtudes de Bit2me podemos mencionar que puedes visualizar tu portafolio completo en porcentajes y con la equivalencia a tu moneda *fiat*, aunque en la siguiente captura de pantalla he preferido (por privacidad) eliminar las cuantías:

TOTAL

LINK 7.72 % XMR 13.18 %

ADA 9.53 % ZEC 7.74 %

XRP 1.07 %

XTZ 5.94 %

DASH 11.03 %

BTC 18.82 %

BCH 12.58 %

LTC 6.86 ETH 5.59 %

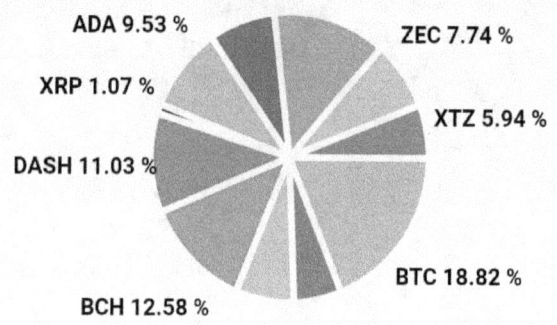

Bitcoin
0,00112103 BTC

Ethereum
0,00900119 ETH

Litecoin
0,09124088 LTC

Bitcoin Cash
0,05495435 BCH

Bajando podría verse el resto de las criptomonedas y su equivalencia actual. Está muy bien porque en unos segundos puedes saber exactamente cómo está cada una. Como ves, es una cartera muy diversificada, y poder ver junta toda la información me ahorra tiempo.

En cambio, sus gráficos de cotizaciones no son los más visuales, y si quieres más precisión, tendrás que usar otro servidor, como https://coinmarketcap.com/es/, que es gratuito y sin registro (es el mismo que sirve para conseguir las alarmas de precios, puedes verlo en su web o descargar la aplicación).

La operativa es sencilla y económica en Bit2me: en muy poco tiempo podrás completar el proceso. Si estás empezando a investigar, ve realizando los cursos que tienen gratis en su academia virtual y, si te interesa mucho el tema, también dan seguimiento a noticias del mundillo. Es una plataforma relativamente segura, para entrar a la web te piden siempre un código en tu teléfono móvil.

Igual que sucede con los brókers, al usar estas plataformas tendrás que ligar una cuenta bancaria o tarjeta a tu nombre. Es un requisito, no podrás operar si no eres capaz de demostrar tu identidad y que los fondos son tuyos.

Si te haces una cuenta después de hacer clic en mi enlace de afiliado te regalarán 5 € si compras 100 o más. ¿Se te ocurre una inversión mejor? Puedes realizarla y, acto seguido, vender y quedarte los 5 euros ganados solo por registrarte. O, mejor todavía, dejarlos ahí y seguir viendo como tu dinero no deja de crecer.

La dirección para que aproveches esta promoción es https://bit2me.com/es/registro?r=GVT-J5S-DE3.

Y el código QR, si lo prefieres:

¿Me creerías si te dijese que hay un lugar donde por vídeos sobre criptomonedas te pagan? Pues así es, aunque para ser exactos, no basta con que los veas (no suelen durar ni tres minutos), también tienes que escoger la respuesta correcta a una pregunta sobre la cripto en cuestión. Si fallas, puedes repetir hasta que aciertes.

Ahora pensarás, es demasiado bueno para ser cierto, y, si es cierto, seguro que lo que pagan es una miseria insignificante. Tienes razón en que no te harás rico, pero sí podrás sacarte unos dólares en apenas un ratito. Al mismo tiempo que aprendes sobre un tema que te interesa.

¿Cómo? Gracias a Coinbase Earn y a las recompensas que ofrece.

‹

Descubra todas las formas de ganar
criptomonedas

Recompensas

 Celo
Earn $6 CGLD   **Watch video**

An open platform for digital payments. Ha
realizado 2 de 3 tareas.

What can Celo Dollars do?
Earn $2 CGLD • 3 min

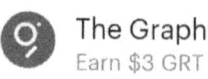 **The Graph**
Earn $3 GRT   **Watch video**

A protocol for indexing blockchain data

🏠 Inicio   🥧 Cartera   ⇄   📊 Precios   👤 Configuración

◁   ○   □

←

▶ LECCIÓN 3

¿Qué pueden hacer los Celo dólares?

El Celo dólar (cUSD) es una moneda de precio estable (stablecoin) que respalda el valor del dólar estadounidense. Cualquier persona que posea un teléfono móvil puede enviar, recibir y guardar celo dólares mediante el uso de soluciones integradas en la plataforma Celo.

✎ Prueba

¿De cuál de las siguientes formas se puede enviar un Celo dólar?

 Prueba

¿De cuál de las siguientes formas se puede enviar un Celo dólar?

Seleccione la respuesta para ganar 2 US$ en CGLD

Usando la cadena de bloques de Bitcoin

Usando una dirección de correo electrónico

Usando una cartera de Ethereum

Usando la aplicación móvil Valora

Usando ACH o SEPA

Usando una transferencia bancaria internacional

Si continúa, acepta que recibirá CGLD solo para su uso en relación con la función del token y no para cualquier otro fin de inversión. Vea todos nuestros términos **aquí**.

02:11

✕   Ganar CELO

¡Ha ganado 2 US$ CGLD!

Buen trabajo. Va bien encaminado para
entender: Celo.

Siguiente

Volver a Recompensas

¡Ups!

Ha elegido la respuesta incorrecta,
pero ¡no pasa nada! Puede intentarlo
tantas veces como quiera.

Volver a intentarlo

Quizás más tarde

complete ID and photo verification even if you have verified your ID previously.

2. Live in a country eligible for Coinbase Earn. Eligible countries are: Austria, Australia, Belgium, Bulgaria, Canada, Croatia, Cypress, Czech Republic, Denmark, Estonia, Finland, France, Greece, Hong Kong, Hungary, Iceland, Ireland, Italy, Japan, Latvia, Liechtenstein, Lithuania, Luxembourg, Malta, The Netherlands, Norway, New Zealand, Poland, Portugal, Romania, Senegal, Singapore, South Korea, Spain, Sweden, Switzerland, Taiwan, The United Kingdom, and the United States. We are working hard to add more eligible countries soon.

3. Meet our internal fraud and compliance-related criteria, including measures related to account uniqueness.

4. Have only one Coinbase account.

coinbas

✓

Acaba de recibir

0.<u>50885406</u> CGLD (€1.66 EUR)

Coinbase Earn le acaba de
enviarle 0.<u>50885406</u> CGLD.
Las monedas transferidas
están disponibles de
inmediato y puede ver los
detalles de la transacción en
su cuenta de Coinbase.

Ver esta transacción

Responder | Responder a todos | Reenviar | Eliminar | Máis

≡

⋮

Q Buscar correo

Coinbase   02:21

Coinbase Earn le acaba de enviar 5,0828763 XLM ☆

¡Gracias a Coinbase el mundo de las criptomonedas e...

⦿ **Coinbase**   02:20

Coinbase Earn le acaba de enviar 5,1134679... [2] ☆

¡Gracias a Coinbase el mundo de las criptomonedas e...

⦿ **Coinbase**   02:19

Coinbase Earn le acaba de enviar 5,0962815... [2] ☆

¡Gracias a Coinbase el mundo de las criptomonedas e...

Coinbase   02:12

Coinbase Earn le acaba de enviar 0,50885406 CG... ☆

¡Gracias a Coinbase el mundo de las criptomonedas e...

⦿ **Coinbase**   02:07

Coinbase Earn le acaba de enviar 0,50429915 CG... ☆

¡Gracias a Coinbase el mundo de las criptomonedas e...

⦿ **Coinbase**   01:59

Coinbase Earn le acaba de enviar 0,00782106 CO... ☆

¡Gracias a Coinbase el mundo de las criptomonedas e...

⦿ **Coinbase**   01:58

Coinbase Earn le acaba de enviar 0,0078178 COMP ☆

¡Gracias a Coinbase el mundo de las criptomor

                                    +

⦿ **Coinbase**   :54

◁   ◯   ▢

No siempre están disponibles, por lo que tendrás que estar atento. Esta plataforma, Coinbase, es una de las mayores casas de cambios (*exchanges*) de criptomonedas, como puedes ver en la última imagen, aunque todavía no está disponible en México, sí que lo está en España y en EE. UU. Aquí es donde dicen que Tesla hizo su famosa y millonaria inversión. No la hizo de golpe, fue durante varios días.

Una de sus ventajas es el fácil funcionamiento. Puedes comprar criptomonedas con tu cuenta de PayPal, tu cuenta bancaria, tarjeta de crédito o de débito. Recuerda que las transferencias desde PayPal o tarjetas son prácticamente instantáneas. En cambio, si transfieres desde el banco necesitarás algunos días para que llegue el dinero. Este es precisamente uno de los problemas de la banca tradicional y que el dinero digital viene a solucionar.

Es fácil de usar y ofrece recompensas jugosas: con Coinbase Earn puedes ganarte algunas monedas solo por ver vídeos sobre proyectos cripto y responder cuestionarios, y, lo que es todavía más interesante, puedes conseguir rendimientos solo por el hecho de tener las monedas en la plataforma: ¡ingresos pasivos!

Todo el proceso es factible cómodamente tanto desde la página web como desde la aplicación móvil. No temas hacer clic, antes de realizar la transacción te va a mostrar cuál es el *fee*, o sea, cuánto te cuesta hacer la compra o venta incluyendo las comisiones.

Otro punto fuerte de Coinbase es su relativa fiabilidad, detrás hay instituciones como BBVA y la Bolsa de Nueva York (New York Stock Exchange, NYSE). Muy pronto cotizará en el NASDAQ. Aunque este hecho se ha visto retrasado porque han sido multados ya que, entre otras prácticas deshonestas, simularon altos niveles de volumen para atraer capital.

Coinbase incluye monedero digital (al igual que Binance y Bit2me) sin coste adicional, no tendrás que comprar uno si no lo deseas. De hecho, Coinbase nació como monedero, y fue después de haber logrado un cierto éxito en cuanto a número de usuarios, que comenzó a ofrecer los servicios de intercambiador.

Es el camino contrario a Binance, que empieza siendo un lugar de intercambio, y acaba ofreciendo también billetera (y otros servicios). Tenemos constancia de este hecho en que cuando usamos Coinbase la moneda de referencia es el euro o dólar. En cambio, cuando usamos Binance, como es un intercambiador de criptomonedas, la referencia es bitcoin. El famoso patrón bitcoin: el oro se ve sustituido como referencia y la economía vuelve a estar limitada. El delirio del crecimiento infinito se acaba.

Coinbase me gusta mucho porque está hecho para inversores HODL (a largo plazo, se escribe así, mal, por imitar la errata en un famoso mensaje que defendía mantener el Bitcoin cuando el precio caía), igual que Bit2me, y a diferencia de Binance, donde realmente se combinan opciones para ahorrar en el largo plazo con rendimientos y facilidades para operativas intradía (*trading*).

Coinbase aconseja, por si tienes dudas sobre cómo invertir, realizar un planteamiento igual que el que yo hago: de inversión constante o *dollar cost averaging*. Te permite automatizar las compras y olvidarte totalmente de ello. No tendrás que perder tiempo más que una primera vez. Está genial para evitar el estrés propio de aquellos que pasan horas viendo los gráficos de cotización de precios. No caigas en eso, no dejes que tu vida gire alrededor de esto. El dinero está para usarlo, no para que nos use.

Destina una parte de tus ingresos a criptomonedas siempre que puedas prescindir de ese efectivo, y hazlo con miras a mejorar tu jubilación. Recibe ingresos pasivos gracias a estrategias como *staking*, y, si alguna vez llegas a vender (porque no quieras dejar herencia, por ejemplo, o porque quieras gastarlo en lo que te dé la gana, faltaría más) empieza a hacerlo lo más tarde que sea posible.

Como puedes ver en las siguientes capturas de pantallas, esta aplicación ofrece mucha información sin dejar de ser funcional. Puedes dedicarle mucho tiempo a investigar, y operar en segundos en cuanto lo desees.

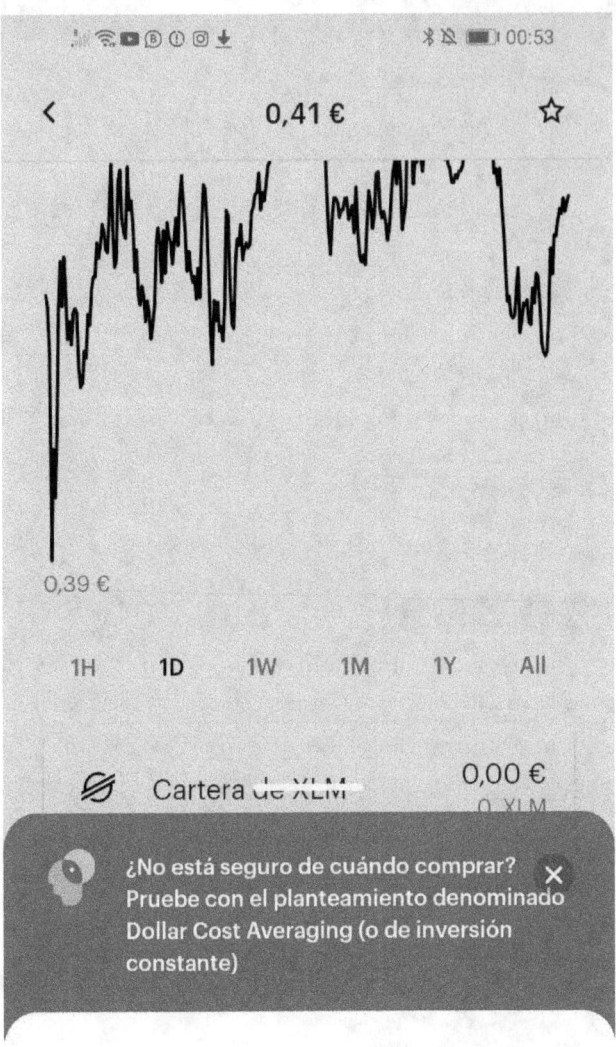

0,39 €

| 1H | **1D** | 1W | 1M | 1Y | All |

Ø Cartera de XLM   0,00 €
                     0 XLM

¿No está seguro de cuándo comprar? ✕
Pruebe con el planteamiento denominado
Dollar Cost Averaging (o de inversión
constante)

+ **Comprar XLM**
   Comprar XLM con efectivo

⟳ **Convertir XLM**
   Convierta XLM en otra criptomoneda

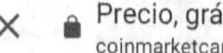 
Q ≡

Cap. de Mercado: $1,744,482,578,973 · Volumen de 24 horas

Puesto # 11   Moneda   En 258,252 listas de seguimiento

Precio de Stellar (XLM)

$0.4995   ▲ 2.93%

Disminuir: **$0.4783**   Elevar: **$0.5084**   24 horas ˅

Más estadísticas

Comprar ▼   Cambiar ▼   Gaming ▼

Gana criptomonedas ▼

Enlaces Sitio web, exploradores, redes sociales, etc. >

Etiquetas Medium of Exchange   Enterprise solutions

     +2 >

◁   ○   □

21,7967944 XLM

Precio de XLM	0,4134 €
Método de pago	Mastercajas S.A.
Comprar	9,01 €
Comisión de Coinbase ❓	0,99 €
Total	**10,00 €**

Opere con su XLM **al instante** mientras estamos a la espera de sus fondos. Puede enviar su XLM en **0 días.**

Procesado por Coinbase UK, Ltd.

Comprar ahora

0, XLM

0,00 €

Operar

¿No está seguro de cuándo comprar? Pruebe los promedios del coste del dólar con una compra periódica.

Configuración de compra periódica

Historial

Se han comprado Stell   21,7967944 XLM
Ha usado 5274********6053   10,00 €

 Inicio   Cartera   Precios   Configuración

Elige cuánto y con qué frecuencia quieres comprar, pon la orden, haz que las monedas estén automáticamente en *staking*, y dedica tu tiempo a otros asuntos.

El mayor inconveniente que tiene Coinbase es que te va a cobrar unas comisiones cuando adquieras o te deshagas de criptomonedas, y pueden ser ligeramente más altas que las de otras plataformas. Lo que es gratis es la transferencia de activos a otras carteras virtuales. Por ello esta plataforma de intercambio es una excelente opción si tu intención es posteriormente mover tus activos a otra billetera.

Te muestro un ejemplo real, en Coinbase di la orden de comprar 50 euros de bitcoin, me quitó 1,99 € de comisión y me dio 48,01 € en bitcoin. Esta aplicación te muestra tu portafolio, en lugar de solo con los números, como Bit2me, en una gráfica como si fuese una cotización. Puedes ver cómo ha evolucionado mi inversión en unas horas:

Esos 48,01 euros ya son 48,52 euros. Estamos en máximos históricos y continúa el crecimiento. Desde que lo compré bajó un poco, para luego volver a subir con más fuerza. La tendencia claramente es alcista.

Como ya dije, se espera que Coinbase cotice en la bolsa de valores muy pronto, y el pronóstico es que saldrá con la mayor capitalización de la historia de las tecnológicas, más que Facebook, Twitter o Uber.

Con todo ese dinero es probable que logren escalar el negocio, llegar a más usuarios y ofrecer más funciones. Como la ya esperada tarjeta Visa.

(Por cierto, también Bit2me ha empezado a anunciar que pronto tendrá una tarjeta similar con la que usar directamente las criptos y más opciones para generar ingresos pasivos).

Si quieres ponerte ya a ganar dinero, hazte una cuenta siguiendo mi enlace de afiliado (https://www.coinbase.com/join/blzque_ou), compras más de 82,5 € y recibiremos 8, 25 € gratis.

Si ya has hecho la de Bit2me y ganado los 5 € por comprar 100 y haces también el registro con Coinbase desde el enlace, ya te habrás ganado 13, 25 € sin sudar una sola gota.

¿Ya sabías que era tan fácil ganar dinero con Internet? Yo ojalá lo hubiese aprendido antes, pero más vale tarde, que nunca.

Te agradeceré mucho si cumples con estos registros. El precio al que comercio este libro es muy bajo, quizás hasta lo estés leyendo gratis. Aprovechar los programas de afiliados es una forma de retribuirme por mi tiempo y que ambos salgamos ganando.

Binance me encanta, es una plataforma muy completa. Para empezar, puedes comprar criptos con cincos formas de pago diferentes (la primera solo disponible para residentes en Europa): depósito bancario (SEPA) sin comisión, tarjeta crédito/débito con una comisión de 1,8 %, Comercio P2P (más de 100 opciones para intercambios entre pares), y pago de terceros (Mercuryo, Simplex, Koinal, BANXA).

Además de las facilidades para meter dinero en el sistema, también las tienes para sacarlo gracias a su tarjeta Visa, no está disponible para todos los territorios, pero sí para aquellos clientes que residan en España o en cualquiera de los siguientes países: Aruba, Austria, Bélgica, Bulgaria, Croacia, Curazao, República de Chipre, Dinamarca, Estonia, Finlandia, Francia, Guayana Francesa, Alemania, Gibraltar, Grecia, Guadalupe, Hungría, Islandia, Irlanda, Italia, Letonia, Liechtenstein, Lituania, Luxemburgo, Malta, Martinica, Mayotte, Países Bajos, Noruega, Polonia, Portugal, Reunión, Rumania, San Martín, Eslovaquia, Eslovenia, o Suecia.

A mí me ha tardado una semana y media en llegar. Te da acceso a una red de más de 60 millones de comercios y particulares, en constante crecimiento. 0 % de comisiones y reembolso de hasta el 8 % del valor de las compras (según cuánto BNB tengas en *hold*).

Como ya hemos dicho, el valor de una moneda reside en la confianza hacia la misma, que se demuestra con su uso. Poder tener liquidez con las criptomonedas es muy significativo, ya no son solo un activo de inversión al que destinar dinero pensando en el futuro. Sirven para el uso diario: se transforman automáticamente en moneda fiduciaria al realizar el pago.

Este es el *exchange* con más volumen, te permite operar con derivados, hacer *trading* y obtener préstamos garantizados por los criptoactivos. Esto último es muy interesante desde el punto de vista fiscal, aunque haya diferencias en cada país y todavía sea un tema que se intenta regular (léase grabar con impuestos, regulado ya está: autorregulado de forma descentralizada).

Lo único que controlan los gobiernos es el dinero que sacas en moneda *fiat* en algún banco tradicional. Y ahí es donde te sirve el préstamo, si retiras como beneficios te pueden pedir una parte de tus ganancias (de la diferencia entre el precio de compra y el de venta), en cambio, si pides un préstamo no estás ganando dinero, el crédito no tributa. Así que puedes disfrutar el dinero que te presten, lo devuelves en un plazo que los intereses que pagues sean menores que el crecimiento o la rentabilidad de tus activos, y ya estarás disfrutando los beneficios del apalancamiento financiero. Algo que antes estaba reservado para pocos, hoy tiene "aprobación garantizada" 24/7 en Binance.

Este truco para evitar pagar a Hacienda me recuerda otro que conocí hace poco: vender en pérdidas para que tu balance sea negativo. Aunque vuelves a comprar al momento al mismo precio y tu situación sea la misma. Por ejemplo, tienes una renta anual muy alta y pagas los máximos impuestos. Compras criptomonedas y su precio cae. Pues las vendes, y la diferencia entre la compra y la venta se la podrás declarar a Haciendo como pérdida de dinero. Aunque luego las hayas vuelto a comprar por el mismo precio. Además, psicológicamente no ver números rojos te hará más feliz.

Al respecto de las criptomonedas y su fiscalidad, debes saber que tributan como cualquier otro activo de inversión: estás sujeto a la misma tributación que si comprases acciones o inmuebles. Para reducir la carga impositiva puedes comprarlas, como Elon Musk, a través de una empresa.

La compra de criptos ha intentado ser vetada por algunos bancos y gobiernos, por lo que se han dado casos en los que las transacciones no se realicen, y, cuando lo hacen, es probable que tu banco avise directamente a Hacienda de lo sucedido.

Teóricamente debe hacerlo si la cuantía supera los tres mil euros, pero se han dado casos donde han hecho avisos siendo movimientos más pequeños, lo sabemos porque los inversores han recibido una carta de la Agencia Tributaria haciéndoles saber su situación fiscal.

Parece ser que los bancos que no permitían comprar criptos han tenido que dejar de hacerlo ante las montañas de quejas y el hecho de que ya no son un monopolio. Por ejemplo, Abanca impidió a clientes usar su dinero depositado en su banco para comprar en conocidos *exchanges*, como los mencionados en este libro. Al poco tiempo Abanca rectificó ante las críticas, y, quien sabe, quizás incluso acaban, como otros de sus competidores, uniéndose al mundo de bitcoin y las finanzas descentralizadas. Por ahora, parece que seguiremos viendo una lenta putrefacción de la banca privada tradicional.

Realmente es muy interesante todo lo que ofrece Binance, especialmente la posibilidad de generar ingresos pasivos con *staking* o con *farming*. Son productos financieros mejores que los ofrecidos por las instituciones antiguas.

Te aconsejo leer la información disponible en la academia de Binance: https://academy.binance.com/es/articles/what-is-yield-farming-in-decentralized-finance-defi

https://academy.binance.com/es/articles/what-is-staking

Puedes poner los textos en el idioma que prefieras haciendo clic en la esfera situada en la parte superior derecha. Navegando en la web de Binance a veces sucede que te aparece la versión en inglés y si quieres poner tu lengua materna, tienes que volver a hacer clic en la derecha. Es un pequeño error de redirección que espero pronto resuelvan.

Los datos son tan revolucionarios que se transforman en noticias. Por ejemplo: _Binance mueve el doble de dinero en un día de lo que la bolsa de España hizo en un mes_, en bitfinanzas.com.

Puedes hacer _farming_ con BNB y cobrar en DODO. Tienes que, en la página web de Binance (en la aplicación es un poco diferente), hacer clic en el apartado de finanzas. Escoge la primera opción, Binance Earn, y luego debes fijarte en las rentabilidades para elegir las mejores opciones, estas varían constantemente. Prueba las diferentes opciones.

Donde dice Términos flexibles, justo debajo, a la derecha de Ahorros flexibles, encuentras Launchpool. Es una opción muy interesante. Haz clic en ver más. También puedes aprovechar el BNB Vault.

El _staking_ puede llegar a ser muy rentable, o no serlo casi nada. Esta es una posible desventaja frente a invertir en acciones de dividendos. Ninguna criptomoneda puede presumir de llevar décadas repartiendo cantidades de dinero cada vez mayores entre sus propietarios. En cambio, como vemos en _Invertir en dividendos_, hay empresas que llevan más de medio siglo haciendo eso mismo. Lo cual las hace una fuente de ingresos pasivos muy fiable.

Como todos los datos varían, lo mejor es que consultes los rendimientos de las criptomonedas como generadoras de ingresos pasivos para saber cuál(es) comprar. Por ejemplo, DOGECOIN dejó uno de los mejores porcentajes de beneficios (APY) en ahorros flexibles. Recuerda que las cifras son de la rentabilidad pasada, la futura puede ser mayor o menor.

Investiga bien antes de actuar. Y nunca lo hagas ni en eToro ni en ninguna de esas plataformas que tienen Iq en alguna parte de su nombre. Son ya demasiadas denuncias por cambios de divisa abusivos y problemas para ejecutar órdenes de operaciones y de retirada de los fondos.

No te arriesgues, da igual lo que te ofrezcan, no te lo creas. Si caes en una estafa perderás tu dinero.

Aquí vamos a ver muchas criptomonedas, no están todas. Esto no es una recomendación de compra. El objetivo de esta parte del libro en la edición electrónica es solo mencionar cada una de ellas. No te limites a esta lista, seguro que existen muchas otras oportunidades que no he incluido.

Para entrar en más detalles vale la pena usar Internet. Puedes encontrarlas con información en tiempo real en https://coinmarketcap.com/es/. También te animo a profundizar con las páginas webs de las propias criptomonedas. Para no echarle demasiadas horas, céntrate en las que más que te gustan. Poco a poco puedes ir conociéndolas todas. Busca sus *whitepapers*.

En la edición en papel este apartado tiene también la finalidad de servir al lector para hacer sus propias anotaciones. Sé que ahora todo lo apuntamos con el teclado o la pantalla táctil, pero a mí, la verdad, escribir en el papel no deja de gustarme, aunque solo sea para algunos escritos. Sé creativo, puedes apuntar aquellas que quieres investigar, cuánto, en qué momento y a qué precio compras y/o vendes cada una, etc. Si la cripto que te interesa no está en esta aquí, apúntala tú mismo, puedes tachar la que menos te guste y usar su página.

Ethereum (ETH)

TetherUS (USDT)

Ziliqa (ZIL)

Swipe (SXP)

Bitcoin Cash (BCH)

Ripple Credit (XRP)

Dash (DASH)

Litecoin (LTC)

Cardano (ADA)

Chainlink (LINK)

Compound (COMP)

Dai (DAI)

Monero (XMR)

OmiseGo (OMG)

Polkadot (DOT)

Siacoin (SC)

Stellar (XLM)

Usdc (USDC)

Zcash (ZEC)

Tezos (XTZ)

Neo (NEO)

El Ethereum chino, creado en 2014 por Da Hohgfei.

Bitcoin SV (BSV)

Uniswap (UNI)

Dogecoin (DOGE)

Capítulo 3: ¿Es una buena idea invertir en criptomonedas hoy?

Definiendo términos: ahorrar, invertir, especula y usar

Ahorrar es guardar, renunciando a usar en el presente, para tener disponible en el futuro.

Comprar criptos para ahorrar es una magnífica forma de evitar que la inflación deprecie su dinero.

Invertir es renunciar a un disfrute del uso presente por un beneficio mayor en el futuro.

Las criptos también son idóneas para la inversión. Como siempre, invertir conlleva riesgos, y a más riesgos, más potenciales beneficios.

Especular es comprar para vender y obtener beneficio en medio. El *trading* es la especulación financiera por excelencia, con el dinero digital los *traders* cuentan con un espacio inmejorable para sus prácticas: más volumen y menos comisiones que en ningún otro sitio.

Usar, cuando hablamos de finanzas, es realizar transacciones. Esto último también se puede hacer con las criptos, ya sea entre pares, con algún intermediario virtual o habiendo hecho la conversión y usando las tarjetas Visa.

Todas las formas de emplear el dinero son posibles con las monedas digitales.

Es importante tener presente que el objetivo del dinero electrónico es ser un medio de transacción y reserva de valor. Es, de hecho, al mismo tiempo moneda y medio de intercambio. Guardarlo para siempre, o por unos años, para luego venderlo, no es lo mejor que se puedes hacer.

Aunque juguemos al largo plazo, si hay grandes subidas de precios, es válido disfrutar parte de los beneficios en el corto y el medio plazo.

Particularmente invierto con la estrategia de nunca vender (*buy and hold*), pero vendo si considero que cotiza por encima de su precio objetivo, si quiero liquidez para un proyecto mejor, o, simplemente, de vez en cuando para disfrutar los beneficios.

Mi planteamiento me sirve para no preocuparme por las fluctuaciones (volatilidad). Destino dinero que no necesito, conservo una parte de efectivo líquido, y, como pensaba no vender nunca, felizmente aprovecho "las rebajas" (caídas en el precio) para comprar más.

En cambio, por ejemplo, si sube un 100 % puedo aprovechar para vender la mitad, de este modo recupero todo lo invertido y todavía tengo el mismo capital con el que empecé la operación. Pase lo que pase después, aunque esas criptos desaparezcan, yo ya no perdería ni un céntimo. Me gusta la seguridad, aunque soy joven, y joven, en este libro al menos, es más actitud que años, es la edad en la que todavía tienes la mente abierta a descubrir nuevas ideas y desterrar aquellas mentiras que te habías creído, cuando miras más al futuro que al pasado.

A principios de mes y cuando cobro cuantías importantes invierto, un porcentaje a bitcoin y uno a otros activos que estén a buen precio, como otras criptomonedas (también conocidas como *altcoins*) o acciones de empresas cotizadas en algunas de las bolsas de Estados Unidos (es donde pagas menos comisiones y tienes mejores opciones de inversión, con más dinero que en ninguna otra bolsa del mundo).

Uso las tres plataformas mencionadas. En Bit2me tengo una cuenta a corto-medio plazo, muy diversificada y con la que, si las cosas siguen yendo tan bien, financiaré un viaje este verano (2021), contando que (estoy en marzo) las restricciones al tránsito desaparezcan (actualmente hay confinamiento perimetral. Por eso escribo tanto, a decir verdad).

En esa cuenta invierto una cantidad fija a principios de mes. Si bitcoin ha subido (hasta ahora siempre ha sido así) invierto la mitad del capital previsto en él, y el otro 50 % en otras. Si ha bajado de precio (todavía no ha sucedido) invierto más en él, quizás hasta el 100 %, según cómo estén el resto de las oportunidades.

Es una estrategia flexible, me permite hacer lo que quiera sin preocuparme. Yo meto dinero siempre, pero según cómo esté el mercado me adapto. No tengo que dedicarle más que unos minutos al mes.

En la cuenta de Coinbase el plan también es hacer depósitos periódicos de dinero que no me voy a necesitar en años, en este caso hago la compra en la tercera semana de cada mes (la segunda mitad), a muy largo plazo (como pronto, en mi jubilación empezaría a vender) y solo en bitcoin y *altcoins* que dan redimiendo pasivos, como Algorand (ALGO).

En Binance compro Binance Coin y Binance USD (BUSD), laS utilizo para generar ingresos pasivos en DODO (DODO) y en Litentry (LIT). También utilizo Binance para otras opciones que ofrece, como encontrar criptomonedas que no tengo acceso en los otros dos intercambiados, tales como la famosa Dogecoin, la ´criptomoneda del pueblo´

(Elon Musk), y Chiliz (CHZ), la moneda de la plataforma tokenizada dedicada a los deportes y al entretenimiento, conocida por cada fan token o token no fungible (conocido como NFT por sus siglas en inglés, traducido al castellano como TNF) de un equipo de fútbol.

Sin duda, para mí su valor diferencial, su ventaja competitiva frente a Bit2me y, en menor grado, frente a Coinbase, es esta diversidad de opciones para obtener ingresos pasivos. La funcionalidad BNB Vault simplifica al máximo el proceso. Solo tienes que hacer un clic, lo puedes automatizar para que, cuando tu billetera crezca, al momento se ponga a trabajar y aproveches todo el poder del interés compuesto.

La estrategia depende de tu objetivo. En mi caso, contribuir al resto de mis fuentes de ingresos, contando con usar los fondos especialmente cuando me jubile, dentro de unos años, cuando cumpla los treinta y cinco.

Mis reglas son sencillas, las reitero: ingresas periódicamente una cantidad fija pero flexible de dinero. No esperes vender antes de la jubilación, pero cuando veas que va muy bien, aprovecha para diversificar tus fuentes de ingreso (vendiendo y comprando nuevos proyectos) o para darte los caprichos que consideres.

Nunca se sabe cuándo vamos a morir, disfruta el presente.

Tú debes tener tu propio plan, puede ser diferente al mío, lo que importa es que te permita decidir sin verte afectado por emociones o acontecimientos que escapan a tu control, como noticias y manipulaciones temporales del mercado. Establece cuándo vas a comprar y cuándo vas a vender. De veras, te ahorrará mucho tiempo. Puedes ser flexible, y si sucede algo extraordinario, operar.

También te recomiendo planificar cuánto tiempo destinarás a ver las cotizaciones e informarte sobre el tema. Si tienes más obligaciones es probable que no quieras pasarte demasiado tiempo pegado a la pantalla (o al libro, en los mejores casos, como ahora).

Abre cuenta en las tres plataformas, conócelas y elige cuál tu gusta más. Define tu propia estrategia de inversión y empieza a construir esa libertad financiera que tanto te mereces.

Las criptomonedas no son solo una inversión, mucho menos una especulación. El dinero digital ha llegado para quedarse y la tendencia al crecimiento en los precios no va a detenerse. Cualquier momento es buen momento para comprar.

Existen críticas fundamentadas, que están relacionadas con la dependencia del sistema eléctrico y tecnológico, y la desigualdad de acceso. Pero no son nada en comparación con las críticas que recibe el dinero fiduciario, responsable directo de la crisis ambiental en la que vivimos, tras destruir y contaminar masivamente todo el planeta con su exigencia de crecimiento.

Empezar a usar este dinero es fácil y seguro, siempre que cuentes con un teléfono inteligente, tableta u ordenador (computadora).

Fácilmente podrás comprar y usar criptomonedas, además, estos activos te permiten obtener ingresos pasivos, una especie de dividendo, como recompensa por tenerlos.

El dólar, el euro y el peso son monedas-deuda, los bancos las crean de la nada, y las usan para esclavizarnos a través de la deuda. La mayoría de la población mundial trabaja por unos papeles manchados de sangre. Afortunadamente, la revolución ha llegado.

Descarga de responsabilidad

Aunque el autor cuenta con titulación universitaria de posgrado (máster) en Finanzas, este libro no debe ser tomado como una asesoría financiera. La obra se limita a mostrar una experiencia y opinión. Ni el autor ni los colaboradores se hacen responsables de las acciones llevadas a cabo por los lectores, cada uno es responsable de su propio dinero. Los rendimientos pasados no aseguran rendimientos futuros. Las criptomonedas son activos de alto riesgo y no deberías comprarlas con dinero que puedas necesitar.

Páginas web de interés

Bifinanzas.com

criptonoticias.com

Plataformas para invertir y gestionar dinero

Bit2me.com

Coinbase.com

Binance.com/es/

Otros libros del mismo autor

Los puedes conseguir gratis con Kindle Unlimited.

Si te interesa empezar nuevos negocios, no te puedes perder:

Negocios para ganar dinero con la pandemia de coronavirus: Las mejores propuestas para el éxito financiero.

Una obra básica es Aprende a invertir: Qué es invertir y cuáles son los tipos de activos.

La mejor trilogía sobre invertir en bolsa:

Invertir en bolsa 2020 2021: Estrategia para ganar dinero con la pandemia de coronavirus (Inversiones en bolsa con inteligencia nº 1).

Invertir en la bolsa española 2020 2021: Operativa para ganar dinero con la pandemia de coronavirus (Inversiones en bolsa con inteligencia nº 2).

Invertir en la bolsa de Wall Street (Estados Unidos) (Actualizado era Biden y vacuna) 2020 2021: Operativa para ganar dinero con la pandemia de coronavirus ... en bolsa con inteligencia nº 3).

Si te ha gustado, una reseña 5 estrellas ayudaría mucho.

Puedes escribirnos y seguirnos en las redes sociales.

 www.crearycorregir.com

 contacto@crearycorregir.com

 @crear_corregir

 @Crear y Corregir

 @Crear_Corregir

 Crear y Corregir

Hemos hecho un grupo en Facebook para seguir compartiendo información, se llama Criptomonedas: Comprar Bitcoin, Binance, Cardano... ¡Únete!

www.facebook.com/groups/criptos/